PROJET

D'UN

Approvisionnement de Blé et de Farine

Immédiat et permanent

POUR LA POPULATION CIVILE DE PARIS

EN CAS DE SIÈGE

AVEC SES CONSÉQUENCES

Tant au point de vue Économique que Militaire

J.-E. COUSIN

1884-1888

PARIS
IMPRIMERIE DES HALLES ET DE LA BOURSE DU COMMERCE
33, Rue Jean-Jacques-Rousseau, 33

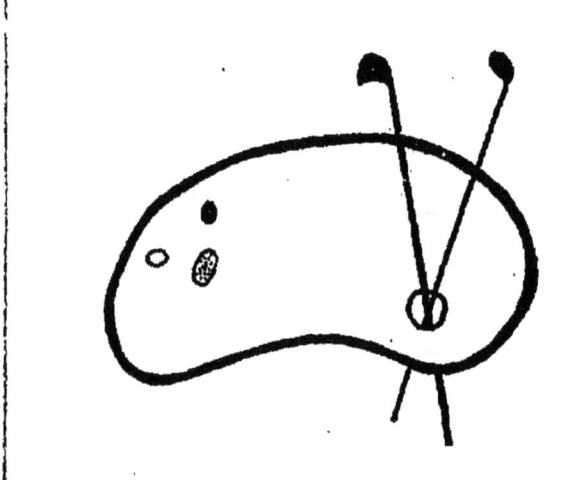

FIN D'UNE SERIE DE DOCUMENTS
EN COULEUR

PROJET

D'UN

Approvisionnement de Blé et de Farine

Immédiat et permanent

POUR LA POPULATION CIVILE DE PARIS

EN CAS DE SIÈGE

AVEC SES CONSÉQUENCES

Tant au point de vue Économique que Militaire

J.-E. COUSIN

1884-1888

PARIS
IMPRIMERIE DES HALLES ET DE LA BOURSE DU COMMERCE
33, Rue Jean-Jacques-Rousseau, 33

AVIS AUX PARISIENS

« *La prochaine guerre décidera de l'existence des nations européennes.* »

Cette terrible sentence, proclamée avec menace par le prince de Bismarck, visait particulièrement la France. C'était un avertissement que le prince jetait avec dédain a un ennemi qu'il jugeait, à l'avance, vaincu et anéanti!

Aussi, sans trop nous émouvoir de cette arrogance, devons-nous, si nous sommes prudents, ne négliger aucun de nos moyens de défense; nous devons surtout et sans hésiter nous décider à tous les sacrifices d'argent qui, du reste, ne sont plus des sacrifices, lorsqu'il s'agit d'employer cet argent contre un ennemi, lequel, une fois vainqueur, est certes très résolu à nous prendre tout notre argent, en même temps qu'il occuperait notre territoire et détruirait notre indépendance nationale.

Or, le point central de la défense de la France a toujours été Paris; et Paris a cet honneur plus que jamais, depuis que notre ennemi a rapproché de notre Capitale sa frontière de toute l'étendue de nos pertes territoriales.

Mais cette situation centrale de Paris, d'où rayonnent toutes nos grandes lignes de chemins de fer, et qui est relativement très proche de nos frontières de l'Est, le désigne et l'expose exceptionnellement aux coups des masses ennemies.

La prudence la plus élémentaire commande donc aux Parisiens de préparer, *à l'avance*, tous leurs moyens de défense pour au besoin soutenir, d'une part, un siège autrement long que celui de 1870, et pour laisser, d'autre part, à nos armées en campagne toute liberté dans leurs mouvements stratégiques, en les débarrassant du soin spécial de couvrir la capitale contre les attaques de l'ennemi. Ce qui sera indispensable dans la prochaine guerre, à cause de l'énormité des masses de combattants, et aussi parce que la France peut être attaquée à la fois sur toutes ses frontières, y compris même ses ports et ses côtes.

Si l'Administration militaire a pourvu Paris d'une ceinture de forts qui en font un vaste camp retranché et qui le rendent imprenable de vive force, quelque nombreux qu'en seraient les assaillants, cette Administration n'a pas eu toutefois à prendre les mesures nécessaires pour se préparer à nourrir la population parisienne au cas d'un long siège.

Ce n'est point dans ses attributions : aucune partie de son budget ne le lui permettrait.

Il faut, en conséquence, que les Parisiens se pénètrent bien des devoirs que leur impose cette situation ; il faut qu'ils se préoccupent, eux-mêmes, de cette grave question de leur approvisionnement civil en blé et farine, afin que leurs Autorités civiles, fortes de leur concours patriotique, puissent leur assurer immédiatement, par de sages mesures, le pain quotidien, indispensable pour appuyer une longue résistance du Camp retranché de Paris. C'est le seul moyen de donner à la ceinture de forts qui garantissent la sécurité militaire de la Capitale, et toute sa valeur et toute son utilité pratique.

Aux soldats en campagne comme aux assiégés, le pain n'est-il pas reconnu aussi nécessaire que les cartouches ?

Aujourd'hui, si Paris était surpris par un siège, un mois, au plus, après son investissement, son Gouverneur militaire, quelque énergique qu'il fût, serait obligé de livrer cette ville à l'ennemi, non à la suite de combats malheureux, ni de l'anéantissement de ses moyens de défense, mais faute de pain !

Les stocks officiels des blés et farines, dans les Magasins publics de Paris, du 1er mars 1888 au 1er août de la même année, prouvent l'exactitude de cette affirmation d'une manière irrécusable.

N'est-ce point une situation aussi dangereuse que terrifiante ?

Sans doute, beaucoup de Parisiens croient qu'au moment de la déclaration de guerre, l'Administration municipale aurait le temps et la possibilité d'approvisionner suffisamment de farine la Capitale ?... Ils sont dans une erreur très grave, erreur qui a déjà perdu Paris en 1870.

Au jour troublé ou à la veille d'une déclaration de guerre dont les premiers effets, c'est-à-dire l'invasion et l'assaut de la France par trois millions d'Allemands, suivraient instantanément et seraient calculés par un ennemi habile et peu scrupuleux, pour nous jeter dans le plus grand désordre, la mobilisation et les besoins de nos armées absorberaient exclusivement la traction de toutes nos lignes de chemins de fer, pendant quinze jours seulement, pense-t-on, mais, en réalité, pour deux mois au moins.

Comment le Conseil municipal, privé, en un tel moment, de nos plus puissants moyens de transports, pourrait-il faire amener à Paris les quantités prodigieuses de blé et de farine qui doivent constituer l'approvisionnement civil de la Capitale, pour une période de huit mois, alors qu'il lui faudrait avoir à sa disposition, rien que pour l'exécution de ces transports de lourds produits, ou 27,526 wagons, portant chacun 6,000 kilos, ou 22,516 wagons, recevant 10,000 kilos ?

Et si, à ce moment critique, par une fatalité facile à prévoir, nos voies maritimes étaient fermées à notre marine marchande ou seulement menacées, dans quelle contrée le Conseil municipal pourrait-il trouver et acheter, même en deux mois, cet approvisionnement sans lequel la sûreté de Paris serait compromise ?

Serait-ce en France ? Mais la réalisation de tels achats, en temps de paix, demanderait au moins quatre mois ! Et, à certains mois de l'année, juin et juillet par exemple, tout approvisionnement important serait impossible immédiatement.

De là une nécessité absolue de constituer, à l'avance, l'approvisionnement civil de Paris.

Cette condition d'antériorité qui s'impose dans la constitution de cet approvisionnement, en entraîne bien d'autres pour la réalisation de cet immense stock.

Ainsi :

1° Dans cette question d'approvisionnement blé et farine, d'où peut dépendre le salut de la France, à un moment donné, est-il permis au Conseil municipal et au Gouvernement d'accepter que cet approvisionnement soit constitué d'apports douteux ou de marchés éventuels, d'achats possibles ou même probables dans l'avenir? Je ne crois pas que nos Autorités compétentes veuillent jamais personnellement prendre une si grave responsabilité.

Quoique notre organisation militaire soit aujourd'hui égale à celle de notre plus puissant ennemi, le souvenir de la capitulation de Paris, en 1870, n'en est pas moins présent à tous les esprits sages qui, prévoyant que la France peut avoir, cette fois, à repousser une coalition européenne, réclament des garanties, pour ainsi dire visibles, de sécurité absolue contre le retour d'une éventualité si lamentable.

Aussi le premier et le plus important des principes qui doivent régler la constitution de cet approvisionnement spécial, *impose-t-il l'existence réelle et présente des produits*, devant constituer ce stock, avec dépôt dans les Magasins publics.

Toute partie de ces produits, seulement éventuelle ou possible à réunir plus tard, selon les circonstances, même les plus probables, ne doit donc y figurer que comme un appoint dont on pourra, au jour de la déclaration de guerre, grossir l'approvisionnement réel, déjà effectué et le seul sur lequel on ait une certitude indiscutable.

2° Il faut que cette existence réelle et présente des produits de ce stock, avec dépôt dans les Magasins publics, soit aussi *continue*, et par conséquent que cet approvisionnement soit *permanent*, puisqu'on ignore toujours à quel moment surgira la guerre qui nous menace.

3° Cela n'entraine-t-il pas en même temps la nécessité de fixer, dès aujourd'hui, le montant de ce stock, de régler les conditions de sa constitution et de son renouvellement, et d'en déterminer l'emploi ?

Et qui aura le droit d'édicter toutes ces mesures, sinon les Autorités compétentes, c'est-à-dire le Conseil municipal et le Ministre de la guerre ?

4° Puis si l'on recherche : A quels besoins divers doit répondre, par sa constitution, l'approvisionnement en blé et farine du Camp retranché de Paris ? Je réponds à tous les besoins divers que peuvent faire naitre les chances éventuelles de la guerre ; car *Paris, ne l'oublions pas, est le centre de la défense nationale*, et son stock, en conséquence, doit être constitué en rapport de la responsabilité qui découle de cette situation.

En effet :

A) Au début de la guerre et pendant la première période des batailles, Paris n'étant pas encore menacé, son approvisionnement doit pouvoir, d'une part, se prêter à faire des envois de farine à nos armées, si l'Administration militaire les juge nécessaires, et il doit pouvoir, d'autre part, reconstituer immédiatement cette partie de son stock, livrée à nos soldats en campagne.

Mais où Paris trouverait-il toutes prêtes des farines par lesquelles il remplacerait en vingt-quatre heures celles qu'il viendrait d'expédier ? Dans une seconde réserve que j'établis à cet effet par un projet, distinct de celui-ci, au milieu de nos régions peu menacées de l'Ouest.

B) Si nos armées sont victorieuses, elles repousseront l'ennemi devant elles, en occupant le pays que cet ennemi nombreux aura déjà épuisé en farine. Sans aucun doute, l'Administration militaire devra être heureuse de trouver, à ce moment-là, toutes préparées, d'un transport facile et d'une excellente qualité, toutes les farines dont nos armées auraient alors un extrême besoin.

Ce serait l'approvisionnement de Paris, qui les lui fournirait. Ces farines toutefois devraient toujours être remplacées en quelques jours par la seconde réserve de l'Ouest dont les voies de communication avec Paris seraient encore libres.

C) Si les résultats des premières batailles obligeaient nos armées à se retirer sur Paris, puis à laisser cette Ville, livrée à elle-même et assiégée par l'ennemi, pour se retirer sur la Loire, afin de mieux y réparer leurs pertes et de plus solidement s'y reformer, le camp retranché de la capitale, vivrait, dans ce cas, sur son propre approvisionnement en farine reste intact, grâce à la seconde réserve que mon projet aurait constituée dans toutes les villes ouvertes de l'Ouest.

D) Cette réserve en farine qui s'élèverait facilement au chiffre de 67,707,000 kilogrammes, toujours prête et renouvelée, répartie dans toute la région Ouest de la France, fournirait, au milieu de nos désastres pendant deux mois, à tous les besoins en pain de nos soldats, fussent-ils deux millions ! En sorte que l'Administration militaire pourrait plus facilement consacrer tous ses soins à la réorganisation de nos armées.

E) Enfin si l'Italie nous attaquait dans le Sud-Est de la France où les approvisionnements en céréales sont nuls, la réserve de l'Ouest fournirait, sur l'heure, à notre armée des Alpes toutes les quantités de farine désirables.

5° N'est-elle pas aussi très importante la question de savoir comment on subviendrait à la dépense de ce double approvisionnement ? Sans aucun doute la Ville et l'Etat refuseraient de s'engager à prendre pour leur compte personnel une si énorme charge. De là nécessité de trouver des combinaisons qui permettent à la Ville et à l'Etat d'organiser ce double stock, à peu de frais pour leurs budgets.

6° Enfin par dessus tout et particulièrement pour une année où les récoltes paraissent insuffisantes et mauvaises, il fallait avoir soin que les frais, spéciaux à la constitution de ce double approvisionnement, n'élevassent point le prix du pain. On ne pouvait admettre, comme provenant de ce fait, qu'une surcharge presque inappréciable, comme moins d'un centime par kilo de pain.

Telles sont les difficultés diverses et nombreuses qui hérissent cette question de l'approvisionnement en blé et farine de Paris.

A première vue, ces difficultés paraissent insurmontables.

Aussi les administrateurs les plus compétents, désespérant de les résoudre, ont ils remis la constitution de cet immense approvisionnement au jour de la déclaration de guerre. Ils échappent ainsi aux difficultés que soulève la permanence de ce stock ; mais ils laissent l'approvisionnement en pain de Paris, exposé aux hasards des saisons, à des calculs de transport incomplets, à des accidents de chemin de fer et à des faits de guerre, etc., impossibles à prévoir : série de dangers très graves, qui sont néanmoins dépassés par l'impossibilité réelle de constituer au complet un tel approvisionnement au milieu des embarras multiples de la concentration de trois millions de soldats et de leur matériel de guerre.

M. Morillon, ancien chef du bureau de l'Approvisionnement à la Préfecture de la Seine, a si bien compris l'impossibilité *de pouvoir improviser*, à ce moment critique, même un simple projet d'organisation et de création de l'approvisionnement de Paris, que dans son savant et consciencieux travail sur ce sujet, il réclame, comme une nécessité absolue, la *nomination immédiate* de nombreuses commissions pour *préparer et pour fixer*, à *l'avance, les voies et moyens* qui serviraient à faciliter un approvisionnement général.

Pour moi, j'ai voulu qu'au moins le pain, qui est l'aliment principal, fût assuré dans tous les cas aux populations civiles assiégées, indépendamment de toutes les perturbations qui accompagneront la mobilisation de nos armées. J'ai voulu, en outre, la question du pain étant résolue, même pour le cas de siège de Paris, rendre à ce moment-là, aux Autorités municipales, d'autant plus facile la réalisation des autres parties de l'approvisionnement général.

J'ai dû en conséquence rechercher dans une étude longue, patiente et tenace par quelles *combinaisons économiques* on peut arriver à constituer un approvisionnement en blé et farine dans les conditions que j'ai signalées ci-dessus.

Je crois avoir trouvé la solution de ce problème difficile : c'est le sujet que je traite dans ce Mémoire qui se compose de trois parties.

Dans la première, j'expose rapidement l'utilité, la nécessité de cet approvisionnement et pourquoi l'on doit le constituer à l'avance d'une manière permanente ; puis de quelles quantités de blé et de farine il faut le composer.

Dans la seconde partie j'expose par quelles combinaisons la Ville et le Gouvernement, tout en ne s'imposant que de légers sacrifices, constitueraient dès aujourd'hui l'approvisionnement nécessaire à Paris, et comment on arriverait à rendre ce stock permanent sans danger d'en voir la qualité s'altérer.

Dans la troisième partie, j'explique comment avec certaine combinaison de mon projet on peut supprimer les marchés de concentration pour les farines, en les remplaçant par des stocks dont l'entretien ne coûterait rien au Budget de la guerre.

PREMIÈRE PARTIE

Au cas de guerre, malgré le nombre considérable de nos soldats à ce jour, malgré l'immense étendue de la zone militaire de Paris, doit-on supposer encore possible un nouveau siège de la Capitale, et y constituer un approvisionnement en blé-farine, permettant d'y soutenir un long siège ?

Lorsqu'un peuple pressent une guerre *d'où dépendent non seulement son honneur et sa fortune, mais aussi son existence*, ne l'accuserait-on pas avec raison de folie, s'il ne préparait pas sa défense, en prévoyant les plus dures épreuves et les pires chances des batailles ?

Une imprévoyance pareille, n'est-elle pas une des principales causes de nos inénarrables malheurs de 1870 ?

On prétend, je le sais, que, depuis la construction de nos nouveaux forts autour de Paris, une armée ennemie victorieuse ne pourrait point, sans courir de graves dangers, se disséminer autour de la vaste zone militaire parisienne, pour intercepter toutes les communications extérieures de notre Capitale. Cela pouvait être vrai pour une armée de douze cent mille Allemands, mais cette armée est aujourd'hui de trois millions d'hommes.

Qui oserait, en outre, affirmer que, dans la prochaine guerre, nous aurons seulement à combattre l'armée d'une seule nation ?

Toutes les apparences sont contraires à cette opinion.

La France, en effet, pourrait avoir jusqu'à cinq millions d'ennemis à combattre à la fois.

Son territoire serait alors certainement envahi de tous côtés.

Quel serait le rôle de Paris au cas d'une invasion par une coalition européenne ?

Paris, centre politique et militaire de la France, deviendrait le pivot de la résistance nationale, comme sous la Convention. De Paris dépendrait le salut de la Patrie.

Mais si ses communications extérieures avec la Province étaient restreintes, compromises par l'invasion, si même l'entrée et la sortie de nos Ports n'étaient plus libres, si la farine enfin venait à lui manquer par un incident quelconque, faute d'un approvisionnement fait à l'avance, comment Paris, sous le coup de la famine, serait-il en mesure de jouer ce rôle héroïque ?

Il ne pourrait le faire. De là nécessité absolue pour Paris de préparer à l'avance son approvisionnement spécial en blé-farine, et de le constituer assez considérable pour permettre aux Parisiens de prolonger une lutte implacable jusqu'au jour où le salut de la France serait assuré.

Si nos succès militaires détournaient nos ennemis du siège de Paris, l'approvisionnement en farine de ce dernier pourrait-il avoir une influence utile sur l'issue de la guerre ?

On n'en saurait douter ; car, si Paris n'est ni assiégé ni menacé, c'est que nos armées auront, d'une part, gardé, libres, toutes leurs communications avec cette Ville, et que, d'autre part, la Capitale aura intactes ses autres communications avec les Provinces non envahies.

L'action du Gouvernement à Paris, dans ce cas, sera toute tracée : expédier derrière nos lignes militaires, au fur et à mesure des besoins de l'armée, une partie de l'approvisionnement qui serait tout prêt à Paris, en compensant cet envoi dans les Magasins de la Capitale par de nouveaux produits-farines. On tirerait ces produits de stocks municipaux de la Province dont je réclame, dans un second projet, la création pour remplacer les marchés de concentration.

En sorte que Paris serait pour nos armées l'entrepôt d'une immense réserve en farine.

Cette organisation, très simple comme on le verra, offrirait certainement de précieux avantages et ne coûterait rien à l'Etat.

On sait qu'aujourd'hui les armées, tant françaises qu'ennemies, se composent d'un si grand nombre de soldats qu'elles doivent épuiser bien vite en farine le Pays qu'elles occupent.

— Le blé cependant, dira-t-on, peut y être encore abondant ? C'est juste ; mais ce blé est inutile à une armée, si les Moulins et le temps lui manquent pour en exécuter la mouture qui est longue à faire, tandis que les mouvements des armées sont plus que jamais précipités.

Or, les armées d'autrefois, composées d'un si petit nombre de soldats, ont été souvent obligées, pour pouvoir vivre, d'étendre leurs divers Corps trop loin les uns des autres : ce qui a été la cause de fautes graves et d'irréparables désastres. Ne doit-on pas redouter à plus forte raison ce danger pour des armées de deux à trois millions de soldats ?

Paris, comme entrepôt de réserve et moyen de ravitaillement en farine pour nos armées du Nord-d'Est, nous préserverait de tels malheurs, puisque des expéditions de farine en seraient facilement faites sur les divers points, occupés par nos armées, où l'on n'aurait plus qu'à organiser les fours et les bras nécessaires pour panifier cette farine.

Enfin, le Général en chef de nos armées, sachant Paris bien approvisionné et capable d'une longue résistance, ne peut-il pas avoir la pensée et l'occasion, dans le cours de la guerre, de disposer, loin de Paris, de la masse entière de ses forces pour tenter contre nos ennemis une manœuvre et un coup décisifs ?

Il osera, dans cette circonstance, laisser *Paris approvisionné*, livré à lui-même et découvert : ce qui serait autrement une grave imprudence.

Par conséquent, on peut affirmer que dans tous les cas possibles d'une guerre, triomphe ou défaite, un grand approvisionnement en farine, à Paris, est *nécessaire* pour les Parisiens, *utile* à nos armées et *favorable* à la stratégie militaire.

A quelle époque cet approvisionnement en farine et en blé doit-il être fait ?

Ce serait d'une haute imprudence que d'attendre la déclaration de guerre pour approvisionner Paris de blé et de farine.

A ce moment-là, un approvisionnement suffisant ne serait plus possible.

Quoique cet approvisionnement puisse être fait, à Paris, soit en blé et seigle qui seraient moulus en Ville, soit en farine, *les quantités en sont si considérables* qu'on ne saurait les acheter et les réunir sur les Marchés de la Province, en moins de plusieurs mois, même en temps de paix, et au moyen de réquisitions impitoyables. C'est une vérité qu'affirmeront énergiquement tous les gens compétents dans ces sortes d'affaires.

Ces achats, par leur nombre et la hâte qu'on y mettrait, surélèveraient bien fort les prix de la marchandise ; et le surcroît de dépense de ce chef se chiffrerait par des millions; l'économie qu'on aurait prétendu faire, en ne constituant pas, à l'avance, un approvisionnement, disparaîtrait ainsi en entier.

Encore dans une circonstance si grave ne regarderait-on ni à la dépense ni à la perte !

Mais tous les Chemins de fer, à ce moment-là même, seraient occupés à la mobilisation de nos armées, au transport des troupes, de leurs munitions, de leur matériel de guerre et de leurs bagages.

Qui peut répondre que le temps prévu pour effectuer ces transports ne sera point doublé par des accidents et des incidents imprévus, ou quintuplé par une coalition européenne ?

Comment au milieu de ces mouvements militaires sur toute la France amènerait-on à Paris, non-seulement l'approvisionnement en blé-farine qui lui serait indispensable et qui représenterait le chargement, à 6,000 kil., de 27,692 wagons, et de 16,615 wagons, à 10,000 kil., mais les quantités colossales de charbon et de bois qui sont indispensables à ce vaste camp retranché de trois millions d'habitants, sans compter tous les autres produits si nombreux, nécessaires à une telle agglomération ?

Et, si la guerre éclatait en juillet, dans ce mois qui finit l'année de la récolte précédente, époque à laquelle les existences en blé-farine sont presque partout épuisées, sans que *la récolte, sur pied encore, soit mûre et coupée et battue et suffisamment sèche,* où se procurerait-on un approvisionnement suffisant ?

Même en supposant les blés mûrs, où les cultivateurs trouveraient-ils assez d'hommes pour les couper et pour exécuter tous les travaux indispensables à la livraison des blés nouveaux, *alors qu'en temps de paix, ces cultivateurs, d'une part, sont obligés, pour le coupage de leurs blés, de payer fort cher d'innombrables étrangers qu'on ne saurait employer en temps de guerre, et de demander, d'autre part, au Ministre de la guerre de permettre à nos soldats d'aller aider à la moisson ?*

Nulle part, certainement nulle part.

Ne sait-on pas, enfin, qu'à l'époque de la moisson les Entrepôts publics, les Magasins particuliers, les Moulins, les boulangers ne possèdent plus, les uns que de minimes quantités de blé, les autres que bien juste le courant de la consommation en farine ? Or, pour fabriquer un stock de farine comme celui qui serait indispensable au camp retranché de Paris, il faut beaucoup de temps !

Ce mois de juillet qui paraît, à première vue, le plus favorable à un rapide et fort approvisionnement, offre donc au contraire les plus grandes difficultés ou plutôt une impossibilité absolue à la réalisation immédiate d'un important approvisionnement.

En conséquence, il résulte de tous les renseignements qui précèdent que l'approvisionnement en blé et farine de Paris serait tout à fait incertain ou compromis ou impossible, si l'on attendait pour le constituer au jour de la déclaration de guerre.

De là découle la nécessité de la permanence de cet approvisionnement.

En effet, la politique qui s'est glissée dans les opérations militaires veut que l'agresseur, pour tromper son ennemi, dissimule à ce dernier et lui cache, jusqu'au jour de l'attaque, sa résolution de lui déclarer la guerre.

La politique crée ainsi entre les nations une situation constamment incertaine, périlleuse, menacée, qui commande aux Gouvernements d'être toujours organisés militairement, de manière à pouvoir mobiliser leurs armées en quinze jours au plus, *dit-on*.

En sorte que cette situation exige aussi que l'approvisionnement civil de Paris soit constamment prêt, c'est-à-dire *permanent, tout au moins à une époque troublée comme la nôtre*, et que cet approvisionnement soit *effectif, soit rendu dans les Magasins Généraux de Paris et en bon état ?*

Et j'ajoute : *à quelque prix que ce soit, pour le blé et pour la farine, tant cette mesure intéresse notre défense nationale.*

Pour combien de mois doit être fait l'approvisionnement de Paris en blé et farine ?

Les deux grandes guerres précédentes de l'Allemagne contre l'Autriche, puis contre la France, ont donné l'idée que désormais les guerres seraient courtes et que les premières batailles décideraient du sort des peuples.

Il serait dangereux de laisser cette opinion se propager, car elle pourrait avoir de funestes effets sur notre nation, trop facile à se décourager aux aux premières épreuves.

En effet, ni l'Autriche ni la France, au moment de leur dernière guerre, ne se trouvaient avoir une organisation militaire comme celle de la Prusse. La Prusse, qui avait armé quinze cent mille hommes, lançait pour ainsi dire une nation entière contre un nombre très restreint de soldats qui, seuls, composaient, comme autrefois, l'armée de ses adversaires.

Mais aujourd'hui que notre organisation militaire va être égale en nombre de soldats à celle de l'Allemagne, il est incontestable que la prochaine guerre, sans durer des années, devra être longue, acharnée, puisque d'énormes masses ennemies de mêmes forces, auront à s'entre-détruire.

Il importe donc beaucoup de donner à nos armées le temps de se reconstituer solidement si, par malheur, elles perdaient les premières grandes batailles.

Or, le temps, indispensable à cette reconstitution de nos armées, ne doit-il point, seul, déterminer le nombre de mois pour lesquels doit être fait l'approvisionnement de Paris en blé et farine ?

En 1870, Paris a soutenu un siège de quatre mois et demi, du 18 septembre 1870 au 5 février 1871.

Quelques jours avant cette dernière date, son approvisionnement en blé-farine étant entièrement consommé, Paris dut se rendre à l'ennemi, faute de pain.

Mais si Paris avait pu résister quatre mois de plus, nos jeunes soldats de l'armée de la Loire auraient eu le temps de se former aux exercices militaires ; ces masses d'hommes seraient devenues une armée, et surtout l'on n'aurait pas été obligé, pour tenter de délivrer Paris agonisant, de les lancer pendant un hiver des plus rigoureux, à travers les neiges et sur la glace, contre un ennemi savamment organisé, retranché dans des campements confortables et plein de confiance dans ses forces supérieures.

Il faut donc, pour ne pas voir se renouveler une si douloureuse situation, que l'approvisionnement de Paris soit désormais calculé pour une résistance qui pourrait se prolonger jusqu'en plein printemps, c'est-à-dire d'au moins huit mois : il serait même prudent de tout préparer pour une année entière, parce que cette longue résistance donnerait tout le temps, utile à certaines Puissances de l'Europe, d'intervenir ou militairement ou diplomatiquement.

L'approvisionnement de Paris doit-il être constitué exclusivement en farine ?

L'approvisionnement qui doit fournir le pain aux Parisiens, pendant huit mois au moins de siège, doit se composer de moitié blé, moitié farine ; car la farine, après quelques mois de magasinage, peut facilement s'avarier, et il ne faut pas s'exposer à un pareil danger : une avarie sur les farines amènerait probablement la famine. On se gare de ce danger, en composant le stock, pour la moitié, de très bons blés qu'on fait moudre pendant la consommation de la farine.

Il est donc indispensable que Paris ait à sa disposition de nombreux moulins : ces derniers ont été insuffisants pendant le siège de 1870, et cette insuffisance a été la cause de pertes et de gaspillages.

Il importe aussi de ne point accepter dans le stock de Paris les farines étrangères dont la qualité est mauvaise.

A quelles quantités de farine et de blé doit s'élever l'approvisionnement de Paris, pour huit mois ou pour une année entière ?

Paris, au point de vue militaire, est désigné sous le nom de *Camp retranché de Paris*. Il comprend, dans ce cas, deux parties très distinctes : 1° tout l'espace intérieur, compris dans le mur d'enceinte, continu ; 2° tout l'espace extérieur de ce même mur d'enceinte, jusqu'aux extrémités de la zone militaire des forts qui entourent Paris.

Le chiffre de la population du camp retranché de Paris doit déterminer précisément le montant de cet approvisionnement.

Il est, en temps normal, de { 2,300,000 habitants pour Paris, 1,000,000 pour sa partie extérieure ou zone militaire.

Au jour d'une déclaration de guerre, les départs pour l'armée, la fuite des étrangers, etc., réduiraient probablement le nombre des habitants dans le Paris intérieur à 1,800,000.

On ne peut pas très bien se rendre compte de ce qui adviendrait sous ce rapport dans la zone militaire.

Aussi, pour mettre le plus possible de clarté et de précision dans mon projet, je n'applique d'abord les principes de mon approvisionnement qu'à la ville de Paris, en exposant ensuite comment on doit les appliquer à chacune des parties de la zone militaire du camp retranché.

Je vais donc raisonner sur ce chiffre de 1,800,000 habitants pour Paris assiégé.

Si l'on suppose un chiffre supérieur ou inférieur à ce dernier, on augmentera ou l'on diminuera proportionnellement les quantités de l'approvisionnement nécessaire.

Les combinaisons que je proposerai, fourniront au delà des quantités de farine que Paris consommerait en huit mois.

La ration en pain du soldat étant de 750 grammes, y compris le pain de soupe, je compte que, par jour et par tête en moyenne, le Parisien consommerait une livre de pain, et cette quantité serait sans doute dépassée en temps de siège, parce que l'assiégé est privé de beaucoup de mets accessoires.

Enfin je rappelle que, d'une manière générale, à la panification, cent kilos de farine rendent cent trente kilos de pain et que l'on tire *au plus* du meilleur blé 80 0/0 de farine, toutes les moutures du blé comprises.

De ces données, il résulte que les quantités, nécessaires à un approvisionnement blé-farine, devant suffire à la nourriture de 1,800,000 habitants, soit pendant huit mois, soit pendant une année, sont les suivantes :

Pour 1.800.000 Parisiens	Soit en Pain	Soit en Farine à 80 p. 0/0 du blé	Soit en Blé
	Kilogr.	Kilogr.	Kilogr.
1° Par jour..................	900.000	692.307	865.384
2° Par 30 jours..............	27.000.000	20.769.210	25.961.520
3° Par 240 jours ou 8 mois...	216.000.000	166.153.840	207.692.208
4° Par 365 jours ou un an....	328.500.000	252.692.055	315.865.160

En conséquence, chaque habitant consommerait :

	Soit en Pain	Soit en Farine	Soit en Blé
1° Pour 8 mois ou 240 jours.	240 liv. ou 120 kil.	93 kil. (92,33)	110 kil.
2° Pour une année ou 365 jours.	365 liv. ou 182 kil. 50	140 kil. 38	168 kil. 45

OBSERVATION

Les Chemins de fer devraient employer pour transporter l'approvisionnement :

De huit mois ou de 240 jours, soit 166,153,840 kil. farine, 27,699 wagons à 6,000 kil. chacun, ou 16,615 wagons à 10,000 kil. chacun.

D'une année ou 365 jours, soit 252,692,055 kil. farine, 42,115 wagons à 6,000 kil. chacun, ou 25,269 wagons à 10,000 kil. chacun.

Or, en cas de guerre, on ne peut compter ni sur la ligne du Nord, ni sur la ligne de l'Est.

La ligne de Lyon serait douteuse.

Admettons cependant libres, les trois lignes de Lyon, d'Orléans et de l'Ouest.

Si, à elles trois, elles amenaient 500 wagons par jour, elles mettraient pour terminer le transport de la totalité de l'approvisionnement blé-farine :

De huit mois, 55 jours par wagons de 6,000 kilos, 33 jours par wagons de 10,000 kilos ;

D'une année, 84 jours par wagons de 6,000 kilos, 50 jours par wagons de 10,000 kilos.

Tout approvisionnement en blé exigerait un quart *en plus de temps* que la farine.

Je dois rappeler qu'à ce temps de pur transport des farines, d'une gare quelconque jusqu'à Paris, doivent s'ajouter *les mois nécessaires pour acheter et réunir ces marchandises* dans toutes les gares de la Province.

Or si le stock en blé-farine n'était point déjà constitué à Paris, le jour de la déclaration de guerre, on aurait à faire, en même temps que le transport de ces produits, celui du charbon, du bois et de toutes les denrées, indispensables pour soutenir un siège.

M. Morillon dans son livre : *l'Approvisionnement de Paris*, travail très complet au point de vue administratif, donne une liste de ces denrées, liste fort longue et bien étudiée.

En calculant le temps et le nombre de wagons qu'il faudrait pour le transport à Paris de ces divers produits, on aura la conviction que, de toute nécessité, l'Administration municipale est obligée de constituer, à l'avance, la partie de ce stock, la plus importante et la plus difficile à réunir, c'est-à-dire celle que représentent le blé et la farine.

A quelle Autorité incombe le devoir de constituer et de maintenir un tel approvisionnement dans toute Ville fortifiée, et en particulier dans le Camp retranché de Paris ?

C'est un devoir rigoureux et imposé par la Loi à tout Conseil municipal de veiller avec soin à ce que l'approvisionnement en farine et en pain de la ville qu'il représente soit abondant en temps de paix, afin que cette partie importante de l'alimentation publique ne se paie pas cher.

Comme aussi cette même Autorité municipale serait accusée d'imprévoyance, si, en prévision d'une guerre probable et même imminente, Elle n'avait pas pris les mesures nécessaires dans une ville fortifiée et à plus forte raison dans le Camp retranché de Paris, pour assurer, pendant un long siège prévu, la nourriture de tous les habitants qui s'en seraient remis à sa prudence et à son patriotisme.

Mais, à Paris, l'Autorité du Gouvernement domine par son Préfet tellement le Conseil municipal que les attributions des deux pouvoirs sont confuses, embrouillées, *particulièrement dans cette question de l'approvisionnement de Paris :* en sorte que ces deux Autorités comptent sur l'initiative de chacune d'elles ; et que la solution en est ainsi différée, abandonnée au bon vouloir du Commerce ou plutôt à l'intérêt de ce dernier, comme en 1870 : ce qui n'est ni rassurant, ni tolérable.

A qui appartient-il donc de mettre fin à cette situation sur ce point spécial de l'approvisionnement de Paris ? — A celui qui, au cas de guerre ou de malheur, aurait, même à tort, toute la responsabilité d'une capitulation. N'est-ce pas nommer le Gouverneur de Paris, dont la responsabilité serait hiérarchiquement endossée par son supérieur, le Ministre de la guerre.

C'est donc au Ministre de la guerre à prendre l'initiative dans cette circonstance, en posant cette grave question d'approvisionnement, à résoudre à son collègue, le Ministre de l'intérieur. Ce dernier la fera transmettre au Conseil municipal de Paris dont le patriotisme ardent ne demande qu'à étudier toutes les mesures propres à rendre Paris imprenable.

Comme les mesures et les efforts du Conseil municipal, combinés avec ceux du Ministre de l'intérieur, ne suffiront pas pour constituer l'immense

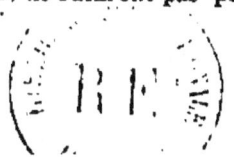

approvisionnement de Paris, il faudra réclamer aussi le concours de tous les autres Ministres ; car cet ensemble de force est indispensable pour le succès de cette opération et pour que cette dernière coûte peu à l'Etat.

Dès lors on jugera par cette nécessité, combien ils se tromperaient ceux qui croiraient pouvoir, au jour troublé d'une déclaration de guerre, réunir à Paris un approvisionnement en farine, suffisant à toutes les éventualités.

DEUXIÈME PARTIE

Voici les onze combinaisons ou mesures que je propose, pour la réalisation pratique et économique de cet approvisionnement dont tous les Administrateurs compétents avouent l'absolue nécessité, mais dont ils n'osent demander l'exécution immédiate, à cause de l'énormité de la dépense prévue.

PREMIÈRE COMBINAISON DE MON PROJET

Le Conseil municipal, par le vote d'un simple article nouveau au Réglement de la Boulangerie, peut faire constituer dans les Magasins publics, une réserve en farine de : 50,950,000 kilos pour nourrir, pendant huit mois : 547,848 Parisiens.

En effet que le Conseil municipal fasse proposer par un vote régulier au Ministre de l'intérieur un décret qui ajouterait l'article suivant au Règlement de la Boulangerie :

« Tous les boulangers de Paris sont tenus d'avoir, chacun à son compte
« personnel, toujours disponibles dans les Magasins publics de Paris, cent
« vingt sacs, à 159 kil., de la farine qu'ils emploient, et de les renouveler
« successivement, par portions selon leurs besoins, au moins tous les trois
« mois, pour constituer ainsi une partie de l'approvisionnement en farine,
« indispensable en tout temps au Camp retranché de Paris. »

1° Le décret qui consacrerait ce nouvel article du Règlement de la Boulangerie parisienne, n'attaquerait aucunement *le principe de la liberté d'exercice de la boulangerie*, puisque chaque citoyen continuerait à pouvoir ouvrir une ou plusieurs boulangeries, *sous toutes les formes, en tout temps et partout*, dès qu'il se conformerait au Règlement, régissant cette industrie.

2° Cet article nouveau ne serait *aucunement onéreux* pour les boulangers qui auraient le droit de comprendre dans leurs frais généraux le montant de cette charge.

3° Cette charge, du reste, est si minime qu'elle serait inappréciable dans le prix du pain ; elle équivaudrait à 80/100 d'un centime par kilogramme. Elle constituerait comme une ASSURANCE que les Parisiens paieraient contre la menace d'une famine, au cas d'un second siège de Paris.

Consommateurs et boulangers trouveraient donc dans cette mesure un égal avantage.

4° *La qualité* de cet approvisionnement en farine serait excellente, puisque cette qualité serait sûrement la même que celle de la consommation ordinaire de la population parisienne, et elle se maintiendrait toujours dans ces conditions par le renouvellement que feraient de ces farines les boulangers au fur et à mesure de leurs besoins ;

5° *L'Avance en argent* que chaque boulanger aurait à s'imposer, pour avoir, à lui, cent vingt sacs de farine, à 159 kil., dans les Magasins publics de Paris, serait vraiment insignifiante ; car supposons le prix du sac à soixante francs ; les cent vingt sacs paraîtraient nécessiter une avance de 7,200 francs ; mais l'Administration des Magasins publics de Paris, prêtant aux propriétaires des farines qu'on y dépose, plus des trois quarts du prix de ces marchandises, chacun des boulangers, pour ses cent-vingt sacs déposés, n'aurait que 1,800 francs à distraire de sa caisse.

Si l'on suppose que quelques boulangers ne disposeraient pas même de cette somme de 1,800 francs, je réponds que les meuniers leur viendraient certainement en aide, s'ils offraient, comme garantie, une bonne réputation d'honnêtes gens et de travailleurs économes.

6° Les boulangers tenteraient-ils de repousser cette charge, en expliquant que, pour diminuer avec raison leur loyer, ils restreignent le plus possible l'espace et le local qu'occupe l'industrie de chacun d'eux, et qu'en conséquence ils sont obligés de réduire leur approvisionnement en farine au strict nécessaire, soit environ au chiffre de la consommation de leurs clients pour une quinzaine de jours, approvisionnement que, seul, il est juste de leur demander et qu'ils s'engagent à maintenir.

Mais est-il possible d'admettre que, pour une mesure d'économie minime, qui serait sans doute légitime à une époque moins menacée, la sûreté de Paris soit compromise en temps de guerre ? En temps de paix, tous les Parisiens sont les clients des boulangers de Paris et les enrichissent. Les boulangers ne doivent-ils pas, en retour, assurer à ces mêmes clients, par un approvisionnement suffisant et non exagéré, une partie au moins de leur pain quotidien en cas de guerre et de siège ? C'est non seulement un devoir professionnel, mais la simple équité et leur intérêt bien entendu le leur imposent.

Tous les négociants et tous les industriels subissent la nécessité d'avoir chez eux un stock de matières premières et de marchandises, suffisant en moyenne à deux mois de travail. Pourquoi les boulangers échapperaient-ils à cette loi commune, alors surtout que leur stock importe si fort à la défense nationale ?

7° Qu'elle est, du reste, l'importance des frais qui résulteront spécialement de cette mesure ?

J'ai indiqué ci-dessus que ces frais étaient pour ainsi dire inappréciables dans le prix du pain, puisqu'ils ne grèveraient en plus chaque kilo de pain que de 80/00 d'un centime.

En voici la preuve par le relevé détaillé de tous ces frais spéciaux.

1° Magasinage d'un sac de farine, 159 kil, pendant 2 mois, à 0 fr. 15 par mois..	0.45
2° Une entrée et une sortie, à 0 fr. 10 chacune...................	0.20
3° Un camionnage	0.35
4° Assurance à 4 fr. 80 pour mille et par an. — Le prix du sac de farine étant de 54 fr., l'assurance pour trois mois.....	0.06
5° Intérêt à 5 0/0 de l'argent, 54 fr., représentant la valeur d'un sac, 159 kil., pour trois mois................................	0.67
Total des frais d'un sac de farine, 159 kil., pour trois mois dans les Magasins publics	1.73

En répartissant ces frais généraux, 1 fr. 73, sur les 215 kil. de pain que donne à la panification le sac de farine, 159 kil. on trouve que chaque kilo de pain supporte, du fait de ces frais nouveaux, seulement la minime charge de 0 fr. 008, c'est-à-dire bien moins d'un centime.

7° Il existe néanmoins un moyen de faire accepter cette mesure avec reconnaissance par les boulangers : ce serait de leur accorder ce qu'ils réclament depuis si longtemps, et qu'on leur refuse sans valable raison à notre époque, c'est-à-dire l'abolition de la Loi sur la taxe du pain, Loi qui favorise uniquement la fabrication de la mauvaise marchandise.

Pour toutes ces raisons, le Conseil municipal ne doit pas hésiter à faire prendre cette mesure à l'égard de la boulangerie.

Après cet exposé, je passe aux calculs qui vont en fixer les résultats et en faire apprécier toute l'importance.

On compte environ deux mille boulangers à Paris.

A 120 sacs, à 150 kil. fournis par chacun, on aura dans les Magasins publics un approvisionnement farine

De 240,000 sacs dont la toile compte pour 2 kil.,

Ou de 240,000 × 157 = 37,680,000 kilos de farine.

Comme, pour nourrir un assiégé, à une livre de pain par jour, pendant huit mois ou 240 jours, il faut employer 93 kilos de farine, ainsi que je l'ai expliqué page 16, première partie de ce Mémoire,

Les 37,680,000 kilos de farine, mis en dépôt, suffiront à la nourriture, pendant huit mois, de 405,161 Parisiens (37,680,000 : 93 = 405,161).

Mais les boulangers ont, tous, chez eux, des chambres à farine où ils puisent pour leur fabrication quotidienne.

Les farines qu'elles contiennent forment d'ensemble une quantité assez importante pour qu'elles soient comptées dans l'approvisionnement, en un article spécial.

En évaluant cette quantité de farine chez les boulangers à trente sacs (150 kilos) en moyenne pour chacun d'eux, on obtient de cette existence en boulangerie les quantités suivantes :

2,000 boulangers à 30 sacs chacun donnent : 2,000 × 30 = 60,000 sacs ou 60,000 × 157 = 9,420,000 kilos.

Or, 9,420,000 kilos serviront à nourrir 101,290 Parisiens pendant huit mois (9,420,000 : 93 = 101,290).

Enfin les pâtissiers doivent être tenus aussi à déposer dans les Magasins généraux cinquante quintaux des farines qu'ils emploient. Ce sont d'ordinaire les plus beaux gruaux ; en sorte qu'il arrive ceci de fâcheux, pendant un siège, que les pâtissiers, n'ayant plus de gruaux à leur disposition, recherchent et enlèvent au plus haut prix les plus belles farines : ce qui fait perdre au pain ordinaire beaucoup de sa qualité.

Par cette mesure, on obtiendrait une partie d'approvisionnement qui n'est point à négliger.

En effet, avec 700 pâtissiers, déposant chacun cinquante quintaux dans les Magasins publics, et comptant en moyenne cinq quintaux chez chacun d'eux, on a : 700 × 55 = 38,500 quintaux ou 3,850,000 kilos de gruaux, approvisionnement qui suffirait à nourrir, pendant huit mois, 41,397 Parisiens (3,850,000 : 93 = 41,397).

En récapitulant les trois quantités de Parisiens nourris par les approvisionnements des boulangers-pâtissiers, et en les additionnant, on trouve le chiffre total de 547,848 Parisiens dont la nourriture serait assurée pendant huit mois de siège (405,161 + 101,290 + 41,397 = 547,848).

Ce chiffre considérable de 547,848 ne donne-t-il pas une importante valeur à cette première *combinaison* de mon projet, surtout si l'on veut bien réfléchir que ni l'Etat ni la Ville ne dépense un centime pour s'assurer un si beau résultat ?

Je ne consigne pas ici le relevé des existences en blé-farine qu'on peut supposer dans les minoteries de Paris ; les quantités en seraient minimes, particulièrement aux mois de juin, juillet et août. Je les comprends dans les stocks des boulangers.

APPLICATIONS DE MA PREMIÈRE COMBINAISON

1° A toute la partie du Camp retranché de Paris, extérieure au mur d'enceinte de la Capitale.

Pour plus de clarté et de précision, j'ai restreint cet exposé détaillé à l'enceinte de Paris ; mais je vais démontrer que cette combinaison s'applique aussi à toute la partie extérieure de Paris englobée dans le camp retranché qui entoure la Capitale.

On comprend d'abord que les Conseils municipaux des Villes de Versailles, de St-Germain-en-Laye, etc., faisant partie du camp retranché, peuvent et doivent facilement appliquer dans chacune de ces Villes les principes de ma première combinaison et constituer ainsi dans chacune d'elles un approvisionnement permanent.

Est-ce moins possible dans les Communes, même les plus petites, de cette même Région ?

Non : car le Conseil municipal de ces Communes, d'accord avec son maire, serait autorisé à prendre de semblables mesures, en déterminant le local où les boulangers seraient tenus de déposer les farines qu'on voudrait avoir en réserve, sous la surveillance des Autorités civiles et militaires, avec le renouvellement réglementaire exposé ci-dessus.

2° Même application à toutes les Villes fortifiées.

L'application de cette même combinaison à toutes les Villes fortifiées découle naturellement de ce qui précède. Aucune difficulté d'exécution n'est possible.

Pour les autres de mes combinaisons qui suivent, les Conseils municipaux, après les avoir étudiées, jugeront dans quelle mesure ils doivent appliquer chacune d'elles.

3° Application de cette combinaison à la suppression des marchés de concentration pour les farines.

L'exposé de cette application est tout entier dans le chapitre spécial (page 43), à la fin du Mémoire.

DEUXIEME COMBINAISON

Comment le Conseil municipal peut lui-même faire préparer :
1° **Un approvisionnement en farine de 10,950,000 kil. pour nourrir 117,741 Parisiens, pendant huit mois ;**
2° **Un approvisionnement de 500,000 quintaux de blé, qui produiraient en farine 39,000,000 kil. avec lesquels on nourrirait, pendant huit mois, 419,354 Parisiens. — Total : 537,095 Parisiens.**

Le Conseil municipal dont le patriotisme ne reculera jamais devant les plus grands sacrifices pour assurer le salut de Paris, voudra lui-même contribuer dans une large part à l'immense approvisionnement de farine qui lui permettrait ou de soutenir un long siège dans Paris ou d'aider puissamment au service de nos armées en campagne.

Aussi cette deuxième combinaison qui est toute spéciale à la Ville de Paris, sera-t-elle considérée comme la bien venue par le Conseil municipal.

Elle comprend deux opérations distinctes.

PREMIÈRE OPÉRATION

L'Assistance publique dont le Conseil municipal surveille la gestion, a dans Paris une usine, dite Scipion, et comprenant un moulin et une boulangerie. Ce moulin, en ce moment, tout en ne marchant que le jour, peut écraser en douze heures 225 quintaux de blé environ. Cette usine, en vingt-quatre heures, arriverait donc à moudre 450 quintaux de blé.

Admettons le chiffre minimum de 400 quintaux.

Que le Conseil municipal veuille bien voter la proposition de réunir immédiatement pour cette usine un approvisionnement en blé d'une année entière, soit de $400 \times 365 = 146,000$ quintaux.

En faisant la mouture de ce blé à 75 0/0 de farine, on aura 109,500 quintaux de farine ou 10,950,000 kil. qui pourraient nourrir 117,741 Parisiens pendant huit mois.

Par cette opération si simple et d'une réelle importance, le Conseil municipal n'aurait engagé les finances de la Ville dans aucune dépense infructueuse.

Et si l'on m'objecte que l'Assistance publique n'a pas besoin personnellement d'un si grand approvisionnement de blé et de farine? Je réponds que l'Administration militaire, au cas où la paix serait maintenue, pourrait acheter au prix coûtant à l'Administration municipale les farines en trop qui remplaceraient supérieurement, sous tous les rapports, les farines des marchés de concentration.

Ainsi, dans cette première opération, tous les intérêts de la Ville seraient sûrement sauvegardés.

DEUXIÈME OPÉRATION

Dans cette deuxième combinaison, la seconde opération que je propose au Conseil municipal est beaucoup plus considérable, mais elle constituerait un appoint des plus importants de l'approvisionnement de Paris.

D'accord avec le Gouvernement, le Conseil municipal réunirait à Paris cinq cent mille quintaux de blés étrangers et des meilleurs. Le prix de ces blés, rendus dans les Magasins Généraux, ne dépasserait pas vingt-cinq francs le quintal, parce que ces blés, devant servir à la défense nationale, sur la demande du Conseil municipal, obtiendraient facilement du Ministre des finances l'exemption du droit de 5 fr. à leur entrée en douane. Si, du reste, pour accorder cette faveur il fallait une loi spéciale, la Chambre et le Sénat la voteraient certainement d'urgence et d'enthousiasme dans les quarante-huit heures.

La somme nécessaire à cet achat serait assez forte, puisqu'elle s'élèverait à 12,500,000 fr., soit : $500,000 \times 25 = 12,500,000$ fr.

Comme cette somme et une partie de celle qui représenterait l'approvisionnement de l'usine *Scipion*, ne seraient pas portées au budget de 1888, le Conseil municipal aurait à se les procurer par voie exceptionnelle.

La Banque qui s'est toujours montrée très facile et très zélée toutes les fois qu'elle a dû seconder des projets sérieusement patriotiques et surtout visant la défense nationale, n'hésiterait pas à faire toutes les avances dont le Conseil municipal aurait besoin pour cette opération, et probablement elle ne lui prendrait qu'un intérêt très minime ou lui ferait même le prêt à titre gracieux : service que le Conseil municipal pourrait reconnaître de son côté, en acceptant purement et simplement les offres de la Banque pour l'exécution du projet de voirie entre l'Hôtel de la Banque et le Palais-Royal.

Les cinq cent mille quintaux de blés étrangers pourraient donc être achetés par la Ville.

Une fois ces blés rendus dans les Magasins publics, voici quelle serait la suite de l'opération.

1° Si la guerre a lieu, ainsi qu'on le redoute, et si Paris est assiégé, certes les Parisiens loueront et béniront la sage prévoyance du Conseil municipal qui leur aura préparé une ressource si utile contre la famine.

Le Conseil municipal fera moudre ses blés par les Moulins de Paris et des environs. Il en tirera 78 0/0 de très bonne farine : le résultat de cette opération serait donc le suivant : 78 0/0 de 500,000 quintaux de blé donnent 39,000,000 de kilos de farine.

Soit : 78/100 × 500,000 = 390,000 quintaux (390,000 quintaux × 100 = 39,000,000 de kil.)

Ces 39,000,000 de kil. de farine serviraient donc à la nourriture, pendant huit mois, de 419,354 Parisiens.

Soit : (39,000,000 : 93 = 419,354).

Le Conseil municipal, dans ce cas, vendrait-il cette farine aux Parisiens assiégés pour rentrer dans son argent ou préférerait-il la faire distribuer gratuitement? Je l'ignore, et je n'ai point ici à m'en occuper. De toute façon, le résultat de l'opération serait précieux.

2° Si la guerre a lieu et que Paris ne soit point assiégé, le Conseil municipal ne manquerait pas d'offrir à l'Administration militaire les farines des blés qu'il ferait moudre. Cette Administration, qui aurait, sans doute, des besoins immenses de farines pour nourrir nos armées en campagne, accepterait cette offre, et de Paris, le point central de la défense nationale, Elle expédierait, en vingt-quatre heures, par chemins de fer, toutes les quantités de farine désirables, sur tous les points de la frontière occupée par nos soldats.

Il ne resterait plus au Conseil municipal que le souci de remplacer les quantités cédées aux armées par d'égales quantités de farine qu'il tirerait le lendemain des stocks que crée en Province mon second projet.

La guerre une fois terminée, la Ville et l'Administration militaire régleraient le compte de ces fournitures. Aucune perte ne serait encore possible pour la Ville dans cette seconde supposition.

3° Il semble donc que cette opération en blé que je propose ne pourrait offrir d'embarras au Conseil municipal qu'au cas de paix prolongée, c'est-à-dire pour un bonheur inespéré ! Ce serait déjà une belle compensation à une dépense faite en vue d'une terrible guerre que cette mesure aurait peut-être quelque peu contribué à éloigner de nous, si la fameuse devise est vraie :

Si vis pacem, para bellum.

Mais, même dans ce dernier cas, la Ville n'éprouverait aucun embarras pécuniaire de cette opération.

En effet, pour renouveler ses blés en magasin ou pour les vendre définitivement au cas que la paix fût assurée, la Ville de Paris ne peut-elle point s'adresser encore au Ministre de la Guerre, dont l'armée consomme des quantités de blé considérables, et s'entendre avec lui pour arrêter les conditions éventuelles de l'achat régulier et successif de ces blés ? Cet approvisionnement n'offre-t-il pas à l'Administration militaire un assez puissant intérêt et des avantages assez appréciables pour en assurer la constitution et l'écoulement sans que l'Etat et la Ville n'aient à subir aucune perte réelle ?

On peut donc avoir la certitude d'un bon dénouement à cette opération, d'autant plus que l'Administration de la guerre ferait, en achetant ces blés, une excellente affaire.

Pas un importateur de blés étrangers ne supposera, du reste, que les cinq cent mille quintaux de bons blés étrangers, rendus à Paris, sans frais de douane, c'est-à-dire à 5 fr. de moins par quintal au-dessous du cours réel, ne trouveraient pas d'acquéreurs à des conditions telles que le prix de revente n'en couvrirait point le prix d'achat! Et je vais donner une preuve irrécusable de cette affirmation dans ma troisième combinaison.

Le Conseil municipal aurait, en conséquence, organisé, par le vote de cette deuxième combinaison, un approvisionnement qui servirait à nourrir 537.095 Parisiens pendant huit mois, qui ne coûterait rien à la caisse municipale et qui lui ferait grand honneur, en aidant puissamment à la défense nationale.

TROISIÈME COMBINAISON

Comment le Conseil municipal peut obtenir que les importateurs de blés étrangers contribuent à l'approvisionnement de Paris pour une quantité de 500,000 quintaux de blé : ce qui donnerait en farine 39,000,000 de kilogrammes; et serviraient à nourrir 419,354 Parisiens, pendant huit mois.

Le Conseil municipal, en prenant la responsabilité de la seconde opération que je viens d'exposer, ne courrait aucun risque de perte d'argent, ai-je affirmé ; car, après lui, tous les grands importateurs de blés étrangers accepteraient de l'Etat la proposition de se charger, sous leur responsabilité personnelle, d'exécuter une opération semblable à celle de la Ville, c'est-à-dire de déposer et de maintenir dans les Magasins généraux de Paris un approvisionnement de cinq cent mille quintaux de blés étrangers, et des meilleurs, à la seule condition de la remise des cinq francs de droit de douane, et qu'on leur permit de renouveler ces blés une ou deux fois.

Cette condition constituerait pour le Trésor non une perte, mais un manque de gain insignifiant, comparé aux avantages que représenterait, pour la défense nationale, un tel approvisionnement.

Cette troisième combinaison, qui s'appuie sur les importateurs, donnerait les résultats suivants pour l'alimentation des Parisiens :

500,000 quintaux de blé, moulus à 78 0/0, donnent en farine 39,000,000 de kil. de farine, qui nourriraient pendant huit mois 419,354 Parisiens.

QUATRIÈME COMBINAISON

Comment on peut obtenir de la Meunerie, dite des Douze-Marques, de contribuer à l'approvisionnement de Paris pour 100,000 sacs de farine, à 159 kilos : ce qui donnerait 15,700,000 kilos de farine, qui nourriraient 168.817 Parisiens.

Une partie de la Meunerie qui fournit de ses produits les boulangers de Paris, toute l'année, a créé dans cette Ville un important Marché de spéculation en farine, connu sous le nom de *Marché des Douze-Marques* ou des douze meuniers, choisis par le Cercle du Louvre pour fournir ce dernier plus particulièrement de leurs farines.

Néanmoins toute la meunerie a le droit de présenter ses farines à ce Marché, après leur avoir fait subir avec succès une comparaison de *qualité* qui aura été reconnue supérieure aux farines de plusieurs Douze-Marques.

Les affaires faites sur ce Marché sont considérables, en sorte qu'elles exigent dans les Magasins généraux un stock permanent de ces farines, très important et variable toujours entre cinquante mille et deux cent mille sacs, à 159 kil.

Cette situation, étant bien comprise, rien ne serait plus facile que de s'entendre avec cette partie de la meunerie, représentée par les Douze-Marques, pour obtenir de ces meuniers un engagement ferme de constituer et de maintenir dans les Magasins généraux de Paris un stock d'au moins cent mille (100,000 sacs à 159 kil.) pendant les huit mois consécutifs de fin février à fin octobre.

Quels seraient les avantages que réclameraient les représentants de ce Marché pour ce service rendu ? Je ne puis le préciser ; mais je suis convaincu que la redevance demandée serait très modérée.

De cette quatrième combinaison, on retirerait le résultat suivant pour l'alimentation de Paris :

Soit : 100,000 sacs de farine, à 159 kil., toile comptée pour deux kilos, donnent : 15,700,000 kil.

Soit : 15,700,000 kil. de farine : par 93 = 168,817, c'est-à-dire que la quatrième combinaison nourrirait pendant huit mois 168,817 Parisiens.

CINQUIÈME COMBINAISON

Comment on peut obtenir d'une autre partie de la Meunerie et de Négociants en grains un approvisionnement qui suffirait à nourrir 50,000 Parisiens pendant huit mois.

1° Une autre partie de la Meunerie qui fournit Paris de ses farines travaille en dehors du Marché des Douze-Marques. Elle dépose cependant une partie de sa fabrication dans les Magasins généraux de Paris pour des raisons sérieuses qu'il est inutile d'exposer dans ce Mémoire, mais qui rendent ce dépôt de farine important et constant, quoique variable pendant tout le cours de l'année.

Ces meuniers s'entendraient certainement avec l'Administration municipale pour prendre avec Elle l'engagement ferme de constituer et de maintenir dans les Magasins publics un stock de leurs farines pendant toute l'année et en le renouvelant au moins tous les trois mois, moyennant une redevance à fixer. Ce stock serait au minimum de 15,000 sacs, 159 kil.

On aurait ainsi : 15,000 × 157 = 2,355,000 kil. de farine, pouvant nourrir un peu plus de 25,000 Parisiens, pendant huit mois.

2° Des négociants en grains ont toujours, dans les Magasins publics de Paris, des quantités de blé qui varient, selon les époques, de 25,000 à 150,000 quintaux. Il serait facile de conclure avec eux un engagement, ferme aussi, de maintenir sans cesse, dans les Magasins publics une quantité d'au moins trente mille sacs de blé du Marché de Paris, quantité avec laquelle on pourrait nourrir 25,000 Parisiens, pendant huit mois.

Si l'on voulait augmenter cette partie du stock, on obtiendrait, tant de ces meuniers que de ces négociants en grains, un engagement du double de ces quantités.

SIXIÈME COMBINAISON

Comment les Ministres de l'Intérieur, de l'Instruction publique, de la Guerre, etc., peuvent assurer un approvisionnement pouuant nourrir 100,000 Parisiens, en cas de siège, pendant huit mois.

1° Que pour toutes les adjudications de fournitures en pain que font faire à Paris la Ville, l'Assistance publique, les divers Ministères, de l'Intérieur (prisons de la Seine), de l'Instruction publique (Lycées), de la Guerre (Ecole polytechnique), etc., la condition d'un approvisionnement spécial, en farine ou en blé, déposé dans les Magasins publics, soit imposée à tous les adjudicataires, pour chaque fourniture et pour une année ou pour huit mois au moins.

2° Qu'on engage, en outre, à suivre cet exemple, les Administrations des principales Ecoles libres, comme aussi celles des Chemins de fer qui ont créé, pour leurs employés, des Sociétés coopératives, celles des Couvents et des Communautés.

Et de cette double mesure, on pourra tirer un approvisionnement en farine qui suffirait à la nourriture de cent mille Parisiens, en chiffres ronds, pendant huit mois.

SEPTIÈME COMBINAISON

Comment le Ministre de l'Intérieur peut préparer un approvisionnement qui servirait à nourrir 30,000 Parisiens, pendant huit mois.

Le Ministre de l'Intérieur a dans ses attributions la direction de quarante-cinq Maisons ou prisons centrales qui sont sous le régime de la régie pour la fourniture du pain.

Il y a, en plus, beaucoup d'autres prisons, soit départementales, soit municipales.

Il serait facile à l'Administration des Prisons d'imposer aux fournisseurs de farine de ces Maisons le dépôt, dans des Magasins à fixer, du montant de la fourniture annuelle de chacun d'eux, pour celles de ces Maisons qui sont à Paris ou dans des départements voisins.

En sorte qu'au cas de guerre, on aurait un petit approvisionnement qui pourrait nourrir trente mille Parisiens.

HUITIÈME COMBINAISON

Comment le Ministre de l'Intérieur, en prévenant un cruel abus, peut préparer un approvisionnement en farine qui servirait à nourrir 40.000 Parisiens, pendant huit mois.

J'ai remarqué, pendant le siège de Paris, en 1870, que les restaurants, les tavernes, les auberges et tous les établissements de ce genre avaient eu constamment du bon pain à leur service et qu'ils le vendaient fort cher.

Or, comme vers le milieu de ce siège, on était déjà à la ration de pain, il fallait pour que les patrons de ces établissements eussent ainsi à leur disposition du pain bon et presque à discrétion, il fallait que ces patrons eussent des moyens secrets de se le procurer : c'était certainement au préjudice et sur la ration des familles pauvres qu'on prélevait cette grande quantité d'excellent pain.

Pour prévenir un pareil abus, je conseille d'exiger des patrons de ces établissements, s'ils veulent continuer à exercer leur industrie, au cas de siège, d'avoir, chacun, à passer un Marché avec un boulanger qui aurait alors à déposer dans les Magasins généraux de Paris une quantité de farine ou de blé, proportionnelle à la valeur du marché. Leur vente deviendrait seulement ainsi légitime.

Je crois que l'ensemble de tous les Marchés des patrons de ces établissements s'élèverait à un très gros chiffre et qu'avec cet approvisionnement, prévu au plus strict minimum, on arriverait à nourrir 40,000 Parisiens, pendant huit mois.

NEUVIÈME COMBINAISON

Comment le Gouvernement pourra faire un approvisionnement en blé, équivalant à 300,000 sacs de farine, 159 kilos ou à 588,750 quintaux de blé, et suffisant à la nourriture de 506,451 Parisiens, pendant huit mois.

Il y a un approvisionnement en blés excellents qu'on doit se tenir prêt à enlever aux approches de la déclaration de guerre. Ce serait d'autant plus facile qu'on peut se servir de Chemins de fer qui n'auront presque aucune part à la mobilisation de notre armée. Je veux parler de celui de Saint-

Germain, de celui de Versailles, rive droite, de celui de Sceaux et de Limours.

Dans un rayon de vingt lieues autour de Paris, on récolte beaucoup de blé, et beaucoup de riches cultivateurs ont l'habitude de garder une partie de leur récolte jusqu'à ce qu'ils puissent juger de l'apparence de la récolte en terre, pour savoir s'il vaut mieux pour eux vendre ou garder leur récolte dernière.

Dans un tel rayon, on est donc certain de pouvoir faire en peu de jours un approvisionnement de bon blé, si l'on envoie, à l'approche de la déclaration de guerre, des acheteurs chez les cultivateurs qui ne demanderont pas mieux que de vendre tous leurs blés, dans la crainte de voir encore l'ennemi les leur piller.

Le transport de ces blés, achetés, sera assez facile : les cultivateurs dans un rayon de cinq lieues à la ronde, si on leur laisse leurs voitures et leurs chevaux, camionneront, eux-mêmes, leurs blés aux Magasins généraux de Paris ; les autres les amèneront dans une des gares des Chemins de fer, nommées ci-dessus, ou aux stations des divers canaux, peut-être aussi aux gares libres des Chemins de fer de grande ceinture, et, quand on le leur permettra, dans des gares de nos grandes lignes.

C'est ainsi, en réalité, qu'a été fait le petit approvisionnement de Paris, en juillet et août 1870, qui a fourni environ en blé la valeur de trois cent mille sacs de farine, 159 kil., juste assez pour la consommation des Parisiens, du 15 juillet au 15 septembre 1870.

En agissant d'ensemble et avec rapidité aux approches de la déclaration de guerre, on pourrait obtenir un bien plus gros résultat.

Admettons-le même seulement :

Ce qui donnerait 300,000 sacs à 159 kilog. ou $300{,}000 \times 157 = 47{,}100{,}000$ kil. de farine, qui, divisés par 93, donnent : 506,451 Parisiens, nourris pendant huit mois.

Néanmoins il faut se garder de compter sur cette partie d'approvisionnement *d'une manière absolue*. Cette année-ci, par exemple, est notée insuffisante et mauvaise : les blés en ont été récoltés humides ; en conséquence, on ne pourrait pas les garder longtemps sans s'exposer à en voir la qualité s'altérer : en sorte que les cultivateurs les vendront, *au plus tard, avant l'apparition des chaleurs de l'année prochaine*.

Le blé sera donc rare autour de Paris aux mois de juin, juillet et août 1889.

DIXIEME COMBINAISON

Comment on peut compléter cet approvisionnement par une partie de farine de seigle

Dans les Magasins généraux de Paris, il existe constamment un stock de seigle et de farine de seigle. Ce produit a l'avantage d'être bon marché et d'être coupé avant le blé. En choisissant de bons seigles et bien secs, on peut, sans aucune crainte de perte, en faire un approvisionnement important dont se chargeraient les spécialistes du Marché de Paris. L'écoulement de la farine de seigle est toujours facile.

Admettons en seulement une petite quantité qui serait l'équivalent d'une quantité de farine de blé devant suffire à la nourriture de vingt mille Parisiens, pendant huit mois, soit 2,000,000 kil.

ONZIEME COMBINAISON

Pourquoi je ne demande rien ou à peu près à l'Administration de la Guerre pour le grand approvisionnement de la Ville de Paris

On a pu remarquer, en lisant ce Mémoire, que je n'ai presque rien demandé à l'Administration de la guerre. Cela se comprend : cette Administration absorbe, à son propre compte, tant de farine pour l'armée permanente et pour l'approvisionnement de ses forteresses, Elle aura, dès la déclaration de guerre, de si énormes besoins de farine pour la nourriture de ses trois millions de soldats, qu'on serait malvenu, en lui demandant, en outre, de nourrir des civils qu'Elle a seulement charge de défendre contre l'ennemi, alors surtout qu'Elle a le droit et le devoir d'exiger, à l'approche d'une guerre que les Villes fortifiées soient pourvues, à leurs frais, par leur Conseil municipal, d'une quantité de farine devant suffire à nourrir toute la population civile pendant de longs mois.

Aussi je ne lui demande que les restes de ses marchés en farine, ceux qu'Elle abandonne en cas de guerre, etc., marchés dont les quantités à revenir à la Ville seraient si incertaines que je les porte pour *Mémoire* dans l'approvisionnement général, au Tableau qui suit.

Voici le Tableau, relevé général de l'approvisionnement blé-farine, constitué à Paris par les combinaisons que je propose, avec le détail du nombre de Parisiens nourris par chacune de mes combinaisons, pendant huit mois.

Le blé y est représenté par son équivalent de farine.

DÉSIGNATION DES COMBINAISONS		QUANTITÉS des Farines en kilos	NOMBRE des Parisiens nourris
1re Combinaison :	Boulangerie....................	50.950.000	547.848
2e —	Ville de Paris.................	49.950.000	537.005
3e —	Importateurs...................	39.000.000	419.354
4e —	Meunerie D.-M..................	15.700.000	168.817
5e —	Meunerie, Marché au blé........	4.650.000	50.000
6e —	Divers Ministères..............	9.300.000	100.000
7e —	Maisons centrales, etc.........	2.790.000	30.000
8e —	Restaurants, etc...............	3.720.000	40.000
9e —	Approvision^t de la dernière heure..	47.100.000	506.451
10e —	Farine de seigle...............	2.000.000	20.000
11e —	Administration de la guerre....	Mémoire	Mémoire
	Total.......................	225.160.000	2.419.565

Remarques sur ce Tableau.

1° Cet approvisionnement de 225,160,000 kil. de farine, s'il était acheté, en ce moment, par la Ville et par le Gouvernement, s'il était payé par eux au prix moyen de la farine à ce jour, soit à 38 francs le quintal, cet approvisionnement leur coûterait 85,500,800 francs. C'est une forte somme; mais il est certain qu'en attendant, pour faire ces mêmes achats, au jour de la déclaration de guerre, on paierait 10 francs plus cher par quintal.

On peut ainsi apprécier l'économie et les avantages des combinaisons que je propose.

2° J'ai calculé, page 15, que pour fournir du pain, pendant huit mois, aux 1,800,000 Parisiens assiégés, il fallait un approvisionnement de 166,000,000 kilos de farine.

Les combinaisons de mon projet en donnent 225,000,000 kilos, soit 59,000,000 de kilos en plus de ce qui paraît nécessaire pour huit mois de siège; mais cet excès représente précisément à peu près les quantités que fourniront celles de mes combinaisons, *réalisables seulement à la déclaration de guerre* : ce qui réduit l'ensemble de mon approvisionnement réel à 166,000,000 de kilos.

Il faut aussi reconnaître que le nombre des Parisiens (1,800,000), fixé par moi, comme celui des futurs assiégés, est très faible. On admet généralement celui de 2,000,000. C'est donc une nouvelle raison de penser que le total de mon approvisionnement n'est pas exagéré.

3° On peut encore discuter mon chiffre de 500 grammes de pain par jour et par tête de Parisien, parce que je maintiens ce chiffre comme une moyenne pour tous. J'ai vu, en effet, pendant le siège de 1870, beaucoup d'enfants et de femmes dévorer avidement des quantités de pain, sans avoir assouvi leur faim.

Quant aux hommes qui n'avaient pas pris la funeste habitude de boire, ils mangeaient facilement dans leur journée une ration de pain de soldat : soit 750 grammes; et ils seraient arrivés au kilo, y compris les soupes, s'ils avaient eu cette quantité à leur disposition.

Mieux vaut, dans des circonstances si malheureuses, un approvisionnement quelque peu abondant qu'insuffisant. C'est le moyen d'être prêt à tout événement et de compenser les pertes, les gaspillages inhérents à ces situations troublées.

Enfin, lorsqu'il s'agit de sauvegarder l'*existence de la Nation française*, nous ne saurions trop bien prendre nos mesures. Il faut, dans tous nos préparatifs, viser la certitude absolue, et ne point nous contenter d'une simple probabilité.

OBSERVATIONS

1° Par mes combinaisons, d'une part, *la constitution* de l'approvisionnement de la Ville est *telle* que cet approvisionnement est *à l'abri des convoitises et des besoins de tous*, en tout temps. Nul n'a le droit d'y toucher sans la volonté des Autorités maîtresses, civiles et militaires, tandis qu'en 1870, *ceux qui avaient passé des Marchés à livrer en dehors de Paris*, pouvaient puiser à leur aise dans le stock déjà si petit de nos Magasins publics, le diminuer considérablement *et désarmer ainsi Paris en le privant de sa farine*. Le stock que je constitue est donc aussi inattaquable que s'il était dans les Magasins de la Guerre.

2° Par mes combinaisons, d'autre part, la *constitution* de cet approvisionnement n'est une charge trop lourde pour personne, car cette charge est *répartie entre tous ceux qui doivent en profiter*; et, en se fractionnant à l'infini, elle reste très légère.

Il est vrai que la Ville y engage quelques capitaux qui d'ailleurs lui rentreront, et que l'Etat, pour cette opération, abandonne une certaine somme de droits de douane; mais quelle compensation il en retire ! Il assure par un si minime sacrifice le salut de Paris et la liberté des mouvements stratégiques de nos généraux qui pourraient manœuvrer sans se préoccuper d'avoir à couvrir Paris, en mesure désormais de soutenir un long siège.

3° Mais ce que recommandent pardessus tout les Administrateurs les plus compétents, c'est de favoriser le plus possible la création de Moulins dans le camp retranché de Paris.

Pour moudre beaucoup de blé, il faut beaucoup de paires de meules et encore plus de paires de cylindres, c'est-à-dire qu'il faut beaucoup de Moulins, car la mouture du blé est longue à bien faire. Je crains, si notre approvisionnement est par trop retardé, que les Moulins ne soient en trop petit nombre dans la zone militaire de Paris pour le travail colossal que donnerait cet approvisionnement. Je sais qu'on peut fortement activer la mouture : on a été obligé de le faire, en 1870, comme aussi d'improviser de nouveaux Moulins ; mais qu'a-t-on obtenu par un travail trop rapide et par des Moulins imparfaits ? Des farines qui étaient brûlées et qui avaient ainsi perdu presque toute valeur nutritive. M. Magnin, Gouverneur de la Banque, dont le dévouement a été à toute épreuve en 1870, peut donner sur ce point de très utiles renseignements.

4° En tout cas, il serait nécessaire de s'assurer que les Moulins qui existent se seraient pourvus de paires de meules et de cylindres de rechange, en même temps que des autres principaux accessoires. Sans un pareil soin, un simple accident pourrait arrêter la marche de ces usines, si indispensables en temps de guerre.

5° Il n'y a qu'un moyen de parer à cette difficulté d'un trop petit nombre de Moulins, c'est de faire commencer des moutures de blé, dès que l'on constituerait cette partie de l'approvisionnement.

6° Je rappelle que les principales de mes combinaisons peuvent s'appliquer tant à l'approvisionnement civil des Villes et des Communes de la zone extérieure du Camp retranché de Paris qu'à celui de toutes les places fortifiées.

7° On va voir dans la troisième partie de mon projet comment, en appliquant ma première combinaison *aux Villes ouvertes*, on supprime les Marchés de concentration pour les farines, en les remplaçant par des stocks municipaux, *répartis à la volonté du Ministre de la guerre* sur toute l'étendue de notre territoire.

8° Tant qu'un approvisionnement suffisant n'existera pas à Paris, tous les gens qui ne dédaignent pas follement les expériences du Passé, vivront dans la crainte, redoutant une surprise, une attaque foudroyante de nos ennemis ; car, si une telle attaque était victorieuse au début, comme en 1870, elle compromettrait la défense du Camp retranché de Paris, en ne nous permettant pas de réunir dans ce dernier les quantités de blé et de farine qu'il faut pour nourrir, même pendant quatre mois, les 3,000,000 d'habitants de notre Camp retranché.

Souvenons-nous toujours que Paris, en 1870, a capitulé faute de pain ;

Et que, si Paris avait pu prolonger alors sa défense pendant quatre mois de plus, les grands Patriotes de la défense nationale auraient eu *le temps* d'organiser nos nouvelles armées d'une manière solide, complète, et *la possibilité* d'assurer notre délivrance.

TROISIÈME PARTIE

CONSÉQUENCES DE LA RÉALISATION DE L'APPROVISIONNEMENT DE PARIS

En Blé-Farine, d'après mon projet

1° Comment Paris, qui aurait assuré son approvisionnement en blé-farine par la réalisation de mon projet, pourrait, sans danger pour sa défense, expédier à nos armées en campagne une partie de son stock de farine.

Comme Ville fortifiée ou Camp retranché, Paris doit, avant tout, avoir son approvisionnement de blé et farine, *spécial*. Ce stock lui serait acquis à très peu de frais par la réalisation de mon projet. L'exposé qui précède, le démontre suffisamment.

Mais Paris, d'une part, devenant par l'énormité *nécessaire* de son approvisionnement en blé-farine un immense Entrepôt, et, d'autre part, étant jugé par son passé historique et par la grandeur de sa situation présente, comme le point central de notre défense nationale, j'ai dû, voulant tirer de cette position exceptionnelle tous les services possibles, j'ai dû combiner, dans ce but, des mesures spéciales qui sont très simples, mais qui auraient, une fois réalisées, des conséquences très importantes.

En effet, au début de la guerre et si nos armées arrêtaient à la frontière la marche de nos ennemis, Paris ne serait point assiégé tout d'abord. Dans ce cas, quel usage utile pourrait-on faire de son approvisionnement, autre que celui dont la première partie de mon projet donne l'exposé? Il n'y en a point.

L'Administration militaire puiserait donc, dans les Magasins de Paris, toutes les quantités de farine dont nos armées auraient besoin; et sous ce rapport il en résulterait pour Elle un service des plus faciles, puisque le Camp retranché de Paris est le point central de tous nos chemins de fer.

Mais l'on objectera sans doute à cette mesure qu'en employant pour le service de nos armées en campagne l'approvisionnement civil de Paris, on exposerait, en cas de défaite de nos soldats, le camp retranché de cette Ville, s'il était assiégé, à se rendre faute de pain.

A cette observation fort juste, je réponds :

En appliquant aux boulangers d'un certain nombre de nos Villes de tout l'Ouest, villes non fortifiées, mais situées sur l'un de nos chemins de fer, dans cette région qui est la moins exposée aux invasions de nos ennemis supposés, en appliquant, dis-je, à ces boulangers une mesure à peu près semblable à celle que je propose d'imposer aux boulangers de Paris, dans la première combinaison de mon projet, le Gouvernement constituerait une multitude de stocks de farine dont l'ensemble formerait une réserve aussi considérable qu'il plairait au Ministre de la guerre, réserve toujours tenue à la disposition et sous l'autorité de ce dernier. Cette réserve serait permanente sans rien coûter à l'Etat.

C'est en puisant dans cette réserve que le Camp retranché de Paris remplacerait, en vingt-quatre heures, les farines que l'Administration de la guerre lui aurait prises pour nos armées.

Dès lors on conçoit avec quelle facilité Paris pourrait tenir, sans cesse au complet, son stock de farine.

J'ajoute que cette mesure offrirait un caractère d'équité indéniable.

— A quoi serviraient, en effet, ces farines en cas de guerre ?

— A nourrir tous ceux qui, dans nos armées en campagne et derrière les murs de nos Places fortes, sacrifieraient leur vie pour éloigner l'ennemi de nos Provinces de l'Ouest. Il serait donc d'un intérêt tout personnel aux habitants des Villes de ces régions de tout préparer pour aider de tous leurs moyens nos soldats qui barreraient à l'ennemi le chemin de leurs foyers sans défense.

2º Un exemple d'application de cette mesure à soixante Villes non fortifiées

Pour rendre plus saisissants les avantages de la mesure qui découlerait de la première combinaison de mon projet, je vais donner un exemple de son application aux boulangers de soixante Villes non fortifiées dont j'ai dressé, en un Tableau, les noms avec le nombre d'habitants de chacune d'elles.

NOMS de soixante Villes des régions du Sud, du Centre et de l'Ouest, dans lesquelles je suppose appliquée à la boulangerie la mesure qu'expose la première combinaison de mon projet.

Villes.	Habitants.	Villes.	Habitants.	Villes.	Habitants.
		Report...	939.500	Report..	1.726.500
1. Alais......	22.000	21. Vendôme..	10.000	41. Lorient...	37.000
2. Nimes.....	63.000	22. Le Puy....	18.000	42. Quimper..	15.000
3. Montpellier.	56.000	23. St-Étienne.	124.000	43. Brest.....	66.000
4. Cette.....	37.000	24. Clermont..	43.000	44. St-Malo...	11.000
5. Béziers....	43.000	25. Moulins...	21.000	45. St-Brieuc..	18.000
6. Narbonne...	28.000	26. Montluçon.	26.000	46. Dinan.....	10.000
7. Carcassonne.	28.000	27. Nevers....	23.500	47. Rennes....	61.000
8. Toulouse....	140.000	28. Bourges...	40.000	48. Laval.....	30.000
9. Montauban.	28.000	29. Périgueux.	26.000	49. Alençon...	17.000
10. Agen......	20.500	30. Bergerac..	15.000	50. Le Mans...	55.000
11. Tarbes....	23.000	31. Limoges...	63.000	51. Chartres...	21.000
12. Pau.......	30.000	32. La Roche-s.-Yon.	10.500	52. Caen.....	25.000
13. Bayonne...	26.000	33. Châteauroux.	21.000	53. Lisieux....	16.000
14. Bordeaux...	221.000	34. Orléans....	57.000	54. Evreux....	15.000
15. Libourne...	15.000	35. Rochefort (2 rives)	12.000	55. Louviers...	11.000
16. Angoulême.	33.500	36. La Rochelle..	22.000	56. Le Havre..	105.000
17. Cognac....	14.000	37. Nantes....	124.000	57. Dieppe....	22.000
18. Poitiers....	36.000	38. Angers....	68.000	58. Honfleur..	10.000
19. Tours.....	52.500	39. Saumur...	14.000	59. Rouen.....	105.000
20. Blois......	21.000	40. Vannes....	19.000	60. Cherbourg.	35.000
À reporter..	939.500	À reporter.	1.726.500	Total.....	2.411.500

Remarques sur ce Tableau.

1° Ces soixante Villes comptent d'ensemble un total de 2,411,500 habitants, nombre qui se rapproche beaucoup de celui du Camp retranché de Paris; leurs stocks formeraient en conséquence un total proportionnellement aussi important que l'approvisionnement de la Capitale, si je ne baissais à 400 grammes par tête et par jour la consommation en pain de chaque habitant : ce dernier, n'étant pas assiégé, mange moins de pain, parce qu'il peut se procurer toutes sortes de mets accessoires.

2° Toutes les Villes portées sur ce tableau sont situées sur l'une des lignes de nos chemins de fer.

En décrétant que les boulangers de chacune de ces soixante Villes doivent constituer, dans un magasin public de leur Ville, sous la surveillance des Autorités civiles et militaires, un stock des farines qu'ils emploient à leur panification, et dont le montant devrait être égal à la consommation, spéciale à chaque Ville, pour deux mois, à raison de 400 grammes de pain par habitant et par jour, en imposant le renouvellement successif de ces farines dans les Magasins de dépôt, selon les besoins de leurs propriétaires, mais au moins par chaque période de trois mois, on obtient les résultats suivants :

1° Au jour fixé par le décret, soixante stocks de farine sont créés, répartis sur toute l'étendue de nos régions de l'Ouest, du Nord au Sud, sans aucun retard possible et avec une certitude absolue.

2° Chacun de ces stocks, tout en se renouvelant constamment, *ne diminue jamais*, et, tout en restant la propriété des boulangers, *il est toujours à la disposition du Ministre de la guerre*, qui peut s'en emparer contre argent pour les besoins de l'armée ou de ses forteresses.

3° Le montant total de ces soixante stocks, d'après les termes du décret ci-dessus, serait de 44,520,000 kil. de farine. On comprend qu'on peut doubler ou quintupler cet approvisionnement, soit en augmentant le nombre des villes inscrites à ce Tableau, soit en prolongeant, pour les boulangers, la durée de l'approvisionnement obligatoire.

4° Comme les stocks du Tableau des Villes non fortifiées sont répartis sur toute l'étendue des deux tiers de notre territoire, le moins exposé aux coups de l'ennemi, les boulangers de chacun d'eux, aidés par les Autorités civiles et militaires, qui seraient armées, en temps de guerre, du droit de réquisition, pourraient, par des achats nouveaux, remplacer rapidement et facilement, dans les Magasins de ces Villes, les farines que l'Administration militaire aurait fait enlever.

5° Ces stocks, du reste, communiquant par les lignes de nos chemins de fer, s'égaliseraient entre eux instantanément, à la volonté de l'Administration de la guerre, comme aussi cette dernière pourrait grossir exceptionnellement les quantités de quelques-uns, selon les nécessités du moment.

Telle serait, d'une manière générale, la constitution de cette réserve qui fournirait à Paris, en vingt-quatre heures, toutes les quantités de farine dont ce dernier aurait besoin.

C'est là néanmoins le moindre des services que rendraient ces stocks.

3° Quels autres services devrait-on attendre de la réserve de ces stocks municipaux ?

1° Ces stocks pourraient expédier leurs farines sur tous les points de notre frontière, que Paris ne servirait pas à cause de son éloignement.

Ainsi, qu'une armée soit formée dans les Alpes, où les céréales font défaut, l'Administration militaire aurait la facilité de puiser la farine qui lui serait nécessaire dans les stocks établis à Nimes, Alais, Montpellier, Cette, etc... au Puy, à Saint-Etienne.

Une guerre maritime menacerait-elle nos côtes, sur lesquelles on aurait à former, en certains points, des Corps d'armée? Ces stocks leur fourniraient en abondance la farine, au jour voulu par l'Administration militaire.

2° Si, par malheur, nos soldats étaient vaincus, les Autorités compétentes de chacune de ces Villes du Tableau, à la première nouvelle de la marche de l'ennemi vers leur cité, feraient transporter les farines de son stock dans une autre ville plus éloignée de l'ennemi, en sorte que les farines de ces Villes ouvertes, reculant sans cesse devant l'invasion étrangère, serviraient encore, en dernier lieu, aux soldats de nos armées de la Loire.

3° Enfin ces stocks donneraient le moyen de supprimer les marchés de concentration pour les farines.

4° Suppression des Marchés de concentration pour les farines

De la constitution de ces stocks découlerait aussi la suppression des marchés de concentration pour les farines. Par respect pour les secrets des plans d'attaque ou de défense de la Guerre, je n'ai porté sur le Tableau des villes à stocks aucune de celles qui sont situées entre Paris et notre frontière Nord-Est, mais on comprend bien que l'Administration militaire peut, elle-même, appliquer ma combinaison, à toutes les Villes de cette région et se créer ainsi partout, sans exception, des stocks supérieurs, sous tous les rapports, à ceux des marchés de concentration.

Ces marchés, en effet, ne deviennent-ils pas absolument inutiles, dès que l'Administration de la guerre peut disposer, en tout temps et à sa volonté, de tous les stocks constitués dans les Villes non fortifiées?

Pour quels avantages spéciaux maintiendrait-on ces marchés, qui ont causé de si cruels ennuis à tous les Ministres de la guerre, alors qu'on aurait un moyen si facile de les remplacer avantageusement (1)?

Permettent-ils de réunir, à un moment donné, des quantités de farine plus considérables que n'en fourniraient les stocks municipaux, dont le montant peut être grossi indéfiniment?

La qualité des farines de ces marchés serait-elle supérieure à celle des stocks des Villes, avec laquelle on fabrique le pain des civils? Nul n'oserait soutenir pareille assertion.

---

(1) Voir à l'*Officiel* les débats de l'interpellation devant la Chambre. (Séance du 21 février 1884.)

— Peut-on prétendre que l'Administration de la guerre trouverait une économie quelconque dans le maintien des marchés de concentration ? Bien au contraire, puisque cette Administration ne paierait plus rien, en temps de paix, pour l'entretien des stocks municipaux, qui, eux, cependant *auraient constamment*, dans les Magasins publics, *les quantités de farine exigées par le Ministre de la Guerre*;

Puisqu'Elle ne prendrait à sa charge aucun des risques, provenant de la détérioration ou de la diminution de poids ou de la consommation en retard de la marchandise.

Puisqu'Elle n'aurait, en temps de paix, ni capital à avancer ni intérêts à payer à une Compagnie quelconque.

Puisque le prix des farines des stocks des Villes serait infiniment moins élevé que le prix des farines de ces marchés de concentration.

— Ces derniers assureraient-ils à l'Administration un service plus certain, plus rapide et plus simple que ne feraient les stocks de mon projet ? Dès 1881 et 1882, les représentants des marchés de concentration ont mis à leurs livraisons de farine plus de quatre mois de retard, et cela, en temps de paix ! Quelle confiance peut-on avoir raisonnablement dans l'exécution précise de tels marchés, en temps de guerre ?

Ces mêmes représentants offrent-ils, en outre, un moyen d'exécution pour leurs livraisons, plus rapide et plus précis que celui des stocks qui, pour expédier, le jour même, si grande quantité de farine que voudra l'Administration, n'auront qu'à en recevoir l'ordre officiel par télégraphe ?

Par conséquent plus d'inquiétude pour le Ministre de la Guerre sur la manière dont son Administration se procurera, au milieu des perturbations des opérations militaires, l'aliment principal du soldat, le pain de trois millions d'hommes. N'est-ce pas une chance de plus de succès pour l'armée française ?

L'Histoire nous apprend que, même aux armées qui comptaient relativement peu de soldats, le pain a toujours manqué en campagne, et que souvent le manque de pain a été la cause de défaites irréparables.

Quel est l'homme de guerre qui oserait soutenir aujourd'hui que la question d'alimentation des six millions de futurs combattants, n'aura pas la plus grande influence sur l'issue de la guerre ?

Pour tous ces motifs, je pense qu'on doit supprimer tous les marchés de concentration en farine, avantageusement remplacés par les stocks municipaux des villes non fortifiées.

A l'organisation de ces stocks municipaux militaires, on ne peut soulever qu'une objection dont la raison d'être, du reste, n'est qu'apparente : c'est celle-ci : la population entière de la France sera obligée de payer le pain beaucoup plus cher.

A cela, je réponds :

Les calculs que j'ai faits et soumis à la Commission de l'Approvisionnement des villes fortifiées, ont prouvé que l'augmentation sur le prix du pain, provenant du chef de tous les frais imposés aux boulangers de Paris par la pratique de mon projet, ne dépasserait pas 80/100 *d'un centime* par kilo de pain. On peut donc affirmer que pour la Province, ces mêmes frais spéciaux n'atteindraient pas ce chiffre minime de 80/100 d'un centime par kilo.

Or, si le contribuable paie ce léger impôt nouveau, n'en sera-t-il pas plus largement dégrevé par les économies qui en résulteront pour le budget de la guerre ? Ce n'est pas douteux.

Mais si, par un trop généreux scrupule, on voulait rendre aux populations des villes à stock la valeur de ce léger sacrifice, en leur faisant des avantages spéciaux, j'expliquerais dans une note particulière comment on réaliserait cette idée, en assurant à la forme de ces gratifications une sérieuse utilité.

CONCLUSION

Je conclus que les combinaisons de mon projet répondent à tous les besoins de notre défense nationale :

1° En assurant à l'avance, d'une manière permanente et à peu de frais, un approvisionnement blé-farine à toutes nos villes fortifiées.

2° En constituant, pour le Camp retranché de Paris, un Approvisionnement, en rapport avec le grand rôle que Paris est appelé à remplir dans la prochaine guerre, comme Entrepôt de nos armées en campagne.

En sorte que mon projet se prête à toutes les vicissitudes de la prochaine guerre.

En effet :

A) Si nos places fortes sont assiégées, leurs populations civiles vivent sur l'Approvisionnement en farine qu'elles se sont constitué à l'avance.

B) Si nos armées arrêtent l'ennemi à la frontière et sont victorieuses, (le pays, occupé par elles, fût-il épuisé en farine), elles ne manqueront pas de pain ; car l'Administration militaire tirerait de l'Approvisionnement de Paris toutes les quantités de farine qui lui seraient nécessaires.

C) Le Camp retranché de Paris remplacerait, en vingt-quatre heures, les farines qu'Il aurait expédiées à nos armées, par d'autres farines prises aux stocks des villes ouvertes dont les boulangers auraient le devoir de recompléter immédiatement les quantités réglementaires.

D) Si l'on envoyait une armée sur notre frontière des Alpes, les stocks de nos villes du Sud-Ouest lui fourniraient d'amples approvisionnements en farine.

E) Enfin, si nos armées étaient vaincues et rejetées sur la Loire, elles y auraient leur pain assuré par les farines des stocks municipaux.

UNE DERNIÈRE OBSERVATION

L'Administration militaire a des traditions qu'elle n'aime ni à modifier ni à changer : cela se comprend.

Mais si la science par de merveilleuses découvertes a fait, en quelques années, transformer chez toutes les Nations, les armes de guerre et leurs projectiles, si, comme conséquence, on a dû changer les lois de la stratégie militaire, si, enfin, nos armées, au lieu de se composer de deux à trois cent mille soldats qu'on avait bien de la peine à nourrir régulièrement, vont bientôt compter trois millions d'hommes, comme les armées de notre principal ennemi, il faut bien que l'Administration militaire se persuade qu'Elle aussi doit, d'après ces lois nouvelles imposées par la science, modifier ses anciens procédés d'approvisionnement des armées, surtout pour le principal aliment de ces dernières : le pain.

A toute notre Nation, organisée en armées pour la défense de notre territoire, la Nation entière peut seule désormais préparer, constituer et organiser un stock en farine permanent et toujours frais, en même temps qu'assez considérable pour suffire à la nourriture de trois millions de soldats, pendant la durée d'une ou de plusieurs campagnes.

TABLE DES MATIÈRES

Avis aux Parisiens sur la nécessité d'un approvisionnement en blé-farine, immédiat et permanent, devant servir à la nourriture des populations civiles du Camp retranché de Paris 3

Première Partie

Le Camp retranché de Paris peut-il être assiégé ? — Rôle de Paris dans la prochaine guerre. — Si nos armées étaient d'abord victorieuses, l'approvisionnement en farine de ce dernier aurait-il une influence utile sur l'issue de la guerre ? — Serait-il possible de faire cet approvisionnement au jour de la déclaration de guerre ? — A quel moment faut-il le constituer ? — Blé ou farine ? — Pour combien de mois et en quelles quantités ? — Quelles Autorités ont le droit et le devoir de poser et de résoudre cette question de l'approvisionnement de Paris ?............ 9

Deuxième Partie

Mes onze combinaisons ou mesures pour constituer à Paris un approvisionnement blé-farine, immédiat et permanent, suffisant à nourrir sa population civile pendant huit mois et n'exigeant que peu de frais de la part de la Ville et de l'Etat. — Comment ces combinaisons s'appliquent à toutes les Villes fortifiées.. 19

Troisième Partie

L'approvisionnement en blé-farine que mon projet constitue pour le Camp retranché de Paris, est complété par une réserve en farine, désignée sous le nom de stocks municipaux. — Services divers rendus par cette organisation. — Suppression des marchés de concentration. — Conclusion. 39

4611. — Paris, Imp. des Halles et de la Bourse du Commerce, 30, Rue J.-J.-Rousseau.
Fl. Wunderlich, Directeur.